정말
기독교는
비겁할까?

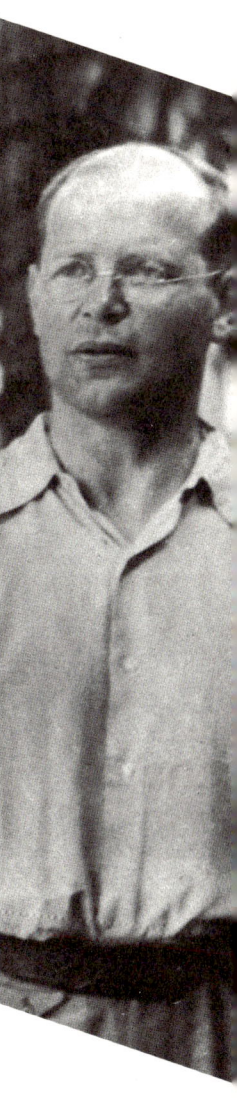

Dietrich Bonhoeffer, Freiheit zum Leben
copyright © 2000 by Gütersloher Verlagshaus, Gütersloh,
in der Verlagsgruppe Random House GmbH, München
translated by permission of Gütersloher Verlagshaus
All rights reserved.

본 저작물의 한국어판 저작권은 Gütersloher Verlagshaus와 독점 계약한 도서출판 국제제자훈련원에 있습니다. 신 저작권법에 의하여 한국 내에서 보호받는 저작물이므로 무단전재와 무단복제를 금합니다.

정말 기독교는 비겁할까?

본회퍼가 말하는 그리스도인의 자유·행동·의

디트리히 본회퍼 글
만프레드 베버 엮음 | 정현숙 옮김

국제제자훈련원

차례

머리말 _ 8
본회퍼의 삶 _ 90
감수의 글 _ 108
역자의 글 _ 110
원문 출처 _ 112

1. 헛된 망상가로 남을 것인가?

신앙고백 _12

악 _14

고통 _16

그리스도인 _18

시간 _20

과거 _22

현재 _24

미래 _26

성품 _28

진실 _30

낙관주의 _32

2. 행동이 없다면 자유도 없다

자유 _ 36

행동 _ 38

역사 _ 40

소망 _ 42

지혜 _ 44

죄 _ 46

책임 _ 48

평화 _ 50

신뢰 _ 52

소원 _ 54

확신 _ 56

3. 기독교인의 마지막 해답

시험 _ 60

성경 _ 62

십계명 _ 64

감사 _ 66

기쁨 _ 68

기도 _ 70

성도의 교제 _ 72

예수 그리스도 _ 74

사랑 _ 76

이웃 _ 78

염려 _ 80

용서 _ 82

믿음 _ 84

안전 _ 86

머리말

디트리히 본회퍼, 그는 누구인가?
그는 이 땅에서 39세의 짧은 인생을 살다 갔다. 그 중 많은 시간을 신앙적으로나 정치적으로 나치 정권에 저항하며 보냈다. 결국, 그는 사형 선고를 받았고 교수형을 당했다.

우리의 마음에 감동을 주며 삶을 성찰하게 하는, 그의 열정적인 글들과 기록들은 이러한 삶에서 나온 것이다. 그의 글에는 청년기를 보내는 이에게, 또 이미 성년이 된 이에게 모두 동일하게 중요한 기쁨, 평화, 희망, 사랑, 신뢰, 책임과 같은 주제들이 반복해서 등장한다. 우리는 모두 이 세상을 살아가면서, 모든 시대를 초월하여 유효한 이러한 삶의 가치를 추구하고 있지 않은가?
 이 책의 글들은 여러분에게 디트리히 본회퍼가 가졌던 그 놀라운 신념에 더 가까이 다가갈 수 있는 문을 열어 줄 것이다. 금방 이해하기 어려운 부분도 있겠지만, 글을 다시 읽고 곰곰이 생각하는 가운데, 여러분은 이 위대한 신학자가 하는 말이 얼마나 단순하고 명확한 뜻을 담고 있는지 알게 될 것이다.

또 이 책에 실린 본회퍼의 삶에 대한 기록과 사진들이, 그의 글을 읽고 이해하는 데 도움을 주리라 생각한다.

이제 나는 여러분의 삶이 진실로 '자유로운 삶'이 되기를 희망한다. 그 자유로운 삶은 바로 "자기 마음 내키는 대로 사는 삶이 아니라, 의를 위해 위험을 무릅쓰고 도전하는 삶"이다.

만프레드 베버 Manfred Weber

1

헛된 망상가로 남을 것인가?

신앙 고백

오늘날
우리 그리스도인은
몽상가나 헛된 망상가가 아님을
이 세상을 향해 충분히 증명할 수 있어야 합니다.

우리가 사물을 이미 존재해 온 그대로
무심하게 내버려 두지 않음을,
결단코 우리의 믿음은
불의한 세상 한가운데에서도 만족해 버리고 마는
마약에 취한 상태와 같은 것이 아님을,
우리는 위에 있는 것을 추구하기에
더욱더 끈기 있게
목적을 향하여
이 세상에서 항거하고 있음을,
말과 행동으로 항거하고 있음을.

예전에
엄청난 혁명으로 시작된 기독교가
이제는 모든 시대에 대해
보수적이어야 할까요?

그리스도인은 논란이 될 만한 것도 말하는
위험을 감수할 수 있어야만 합니다.
더 중요한 삶의 문제들을
드러내기 위하여.

악

악이
놀랍도록 짧은 시간에,
그 실체가 어리석기 짝이 없고
당치도 않은 것이었음을
스스로 드러내고 만다는 것은
기이할 정도로
반박의 여지가 없습니다.

악을 악으로 갚지 말아야 합니다.
그것은 우리 자신을 상하게 하기 때문이지요.
악한 일이 일어난다면,
위험에 처하는 것은 악을 당하는 자가 아니라,
오히려 악을 행하는 자입니다.
악행에서 벗어나도록 그를 돕지 않는다면,
그는 자기 생명을 잃어버리게 될 테니까요.
그러므로 타인을 위해서
그에 대한 우리의 책임을 다하기 위해서
우리는 악을 악으로 갚지 말아야 합니다.

고통

감수성이 예민한 사람들은
여러 가지 실망스러운 일들을 반복해서 겪게 되면
쉽게 허무주의에 빠져 체념해 버리기 쉽습니다.
그러므로 하나님과 고통이 서로 모순되지 않으며
오히려 필연적으로 일치하는 관계임을
일찍 배울수록 유익할 것입니다.

제가 생각하기에,
하나님은 행복보다 고통과 더 가까이 계시는 분입니다.
고통과 가까이하시는 하나님을 만나게 되면,
우리는 평화와 안식을 얻으며
강하고 용기 있는 마음을 갖게 됩니다.

주변에서 일어나는 모든 일이
수수께끼처럼 도무지 이해할 수 없고,
들려오는 모든 말이 하나님의 비밀을 파괴하는 듯하며,
마지막 날에 대해서는
겨우 암시하는 정도로 그치거나
또 차라리 자세히 드러나지 않기를 원하는,
암울한 시간이 있을 것입니다.

그러한 때가 오면
암담한 현실 앞에서
말로는 표현할 수 없는 비밀을 믿는 우리에게
믿음에 대해 말하려는 모든 시도는
생기를 잃고 공허해지는 것처럼 보입니다.

그리스도인

그리스도인이 된다는 것은
특정한 방식의 종교인이 된다든지,
어떤 방법론을 기초로
뭔가 업적을 쌓는 것이 아니라,
사람으로 살아간다는 것을 의미합니다.

그리스도인답다는 것은
저 멀리 인간 세상과는 동떨어진 곳에서가 아니라
가장 인간적인 모습으로
더불어 살아가기를 원하는 것입니다.
그리스도인은
사람이 사람 되어
하나님 앞에서 살 수 있고
또 그렇게 살아가는 삶에
가치를 둡니다.

그리스도인은
이 세상을 무대로 활동합니다.
세상에 적응해
함께 일하고 영향을 끼치며
이곳에서 하나님의 뜻을 행하는 것입니다.

그러므로 그리스도인은
풀 죽은 비관론자가 아니라,
이 세상 한가운데서
기쁘고 쾌활하게 살아가는 사람입니다.

시간

시간은
다시는 돌아오지 않는 소중한 보화이므로
잃어버린 시간을 되돌아보게 되는 순간
우리는 몹시 초조해집니다.
우리가 사람으로서
살며 경험하고
배우며 창조하고
즐기며 고통 받지 않은 시간은
잃어버린 시간일 것입니다.

잃어버린 시간이란
채워지지 않은 텅 빈 시간입니다.

하나님의 말씀은
나의 시간을 요구합니다.
하나님 자신이 시간 속으로 들어오셔서
나의 시간을 그분께 내어 드리길 원하십니다.
그리스도인으로 산다는 것은 순간이 아니라,
지속적으로 시간을 들여야 하는 일입니다.

과거

과거라는 땅 위에
깊이 뿌리내리는 것은
삶을 무겁게 만들기도 하지만,
동시에 부요하게 하며 강하게 합니다.
살아가면서 때마다 돌아보게 되는
인간의 기본된 진리가 있습니다.
그러므로 우리는 지나치게 서두르지 말고,
기다리는 법을 배워야 합니다.
"하나님이 지나간 일을 다시 기억한다."고
성경에서는 말하고 있습니다.

감사는
흘러간 과거를 향한
올바른 태도입니다.
감사함으로
과거의 일들은
현재를 풍요롭게 하는 땅이 될 수 있습니다.

감사하는 마음이 없다면
나의 과거는 수수께끼가 되어
무의미하게
어둠 속으로 가라앉아 버리고 말 것입니다.

과거의 일들은 언젠가
감사나 후회라는 인생의 단면이 되어
생생하게 다시 돌아옵니다.
과거의 일들 속에서
하나님의 용서와 선하심을 발견하며,
오늘, 그리고 내일도
하나님이 보호해 주시도록 기도하게 되기를!

현재

오늘날 우리는
현재가 요구하는 일에
완전히 파묻혀
미래에 대해 생각하고 계획하는 일에는
관심을 갖지 않거나
어쩌면 그럴 여력조차 없을지도 모릅니다.
그러나 미래에 대해 무책임한 태도가
허무주의라면,
현재에 대해 무책임한 태도는
몽상주의라 할 수 있습니다.

현재는
책임 있게 행해야 할
우리와 함께하시는 하나님의 시간이며,
각각의 현재,
즉 오늘과 내일은
다양한 모양으로 실재하는
시간이라고 할 수 있습니다.

전 세계사에서
진실로 중요한 시간은
언제나 현재임을 기억하십시오.
현재에서 도망치는 사람은
하나님의 시간에서 도망치는 것이며,
그것은 곧
하나님에게서 도망치는 것입니다.

미래

이 세상에서의 모든 행복을
하나님 안에서 찾으며 감사하는 자에게
하나님은 기억하도록 도우십니다.
이 세상 모든 것은 지나가 버리며
영원한 것에 마음을 두고 살아야 함을.
그러나 이 모든 일에도 때가 있습니다.
다만 중요한 것은
하나님과 함께 걸으며
그분보다 몇 발자국 앞서 가지도
뒤처져서 멈춰 버리지도 않는 것입니다.

의와 진리, 아름다움 등
모든 위대한 열매에는
시간이 필요하며
영속적으로 '기억'하지 않으면
그것 또한 변질하여 버리고 맙니다.

과거에 대한 책임을 지는 자세로
미래를 꾸려 나가지 않는 자는
거울에 비친 자기 모습을 보고도
곧 잊어버리는 자와 같습니다.

그러나 낮과 밤이 있게 하신 하나님은
목마른 시간에
우리 영혼을 회복시켜 주십니다.
폭풍이 몰아치게도 하시며
고요한 길을 가게도 하십니다.
근심과 두려움의 시간을 주시며
기쁨의 시간도 주십니다.

성품

우리에게
서로에 대해 예의를 갖추는 능력이 사라지고
사람을 사람답게 하는,
자기 자신과 타인에 대한 잘못을
인식하는 능력마저도 사라져 버린다면,
머지않아 혼돈과 무질서가 찾아올 것입니다.

우리가 잠시 안락한 삶을 위해,
가까이에서 파렴치한 일들이 일어나는데도
눈을 감아 버린다면,
그것은 인간으로서의 자기 가치를
포기해 버리는 것과 같습니다.

고상한 성품은
모든 뻔뻔스러운 일들에 대항할 수 있는
가장 강한 무기입니다.
사회에서 고상하다는 것은
높은 지위에 대한 욕망을 버리는 것을 의미하며,
스타에 대한 숭배를 거부하고,
가까운 친구들을 사귐에 있어
신분의 고하를 따지지 않고
자유로운 시선으로 사람을 대하며,
내면의 기쁨이
공공생활에서는 용기로 나타나는 것입니다.
더 많이 가지려는 욕심은
서로를 경쟁자로 보게 만들지만,
고상한 성품은 서로의 부족함을 채워 줍니다.

진실

우리 말이 참되어야 한다는
의미는 무엇일까요?
진실을 말한다는 것은 과연 무엇일까요?
진실은 사실 그대로를 말하는 것입니다.
우리가 진실하게 말하기를 원한다면,
누구에게 말하느냐
누구에 관해 말하느냐
무엇을 말하느냐에 따라
그 말은
여러 가지 모양이 되어야 합니다.

진실한 말은
항상 똑같은 메아리가 아니라
우리 삶이 살아 역동하듯 그렇게 살아 있어야 합니다.

참된 진리는
내용 없는 공허한 솔직함과는
분명한 차이가 있는데,
그것은 분명한 목적을 품고 있기 때문입니다.
다시 말해 진리는
어떤 사람을 얽매고 있는 사슬을 풀어
그를 자유롭게 하려는 의지를 담고 있습니다.
참된 진리는
지금까지 거짓에 속아
자유 없이 두려워하며 살았다는 사실을 깨닫도록
우리에게 눈을 열어 주고
자유를 돌려주는 것입니다.

낙관주의

낙관주의 속에는
생명의 힘, 소망의 힘이 깃들어 있습니다.
그리하여 누구나 절망할 수밖에 없는 상황에서도
모든 일이 실패한 듯이 보이는 곳에서도
우리가 고개를 꼿꼿이 들고
어려움을 견디어 내며
절대 원수의 손에 미래를 내어 주지 않고
자기 삶을 스스로 펼쳐 나가도록 하지요.

경멸받아 마땅한
어리석고 비겁한 낙관주의도 있는 것이 사실이지만,
미래에 대한 소망이 담긴 낙관주의는
백 번을 실패하더라도
조롱해서는 안 됩니다.

만약 내일이
세상의 마지막 날이라면,
마침내 그날에는,
더 나은 미래를 위해 내가 하던 모든 일을
기쁨으로 내려놓을 것이나,
그 이전에는 절대 그럴 수 없습니다.

2

행동이 없다면 자유도 없다

자유

마음 내키는 대로 사는 것이 아니라
과감하게 의를 행하는 삶,
가능한 모든 일에 휩쓸려 다니는 것이 아니라
진실을 용기 있게 붙드는 삶,
생각 속에서 도피처를 찾는 것이 아니라
오직 행동으로 옮기는 삶에 자유가 있습니다.

순종은 무엇이 선한지를 알고
그것을 행합니다.
자유는 위험을 무릅쓰고 행동하며
하나님 안에서
선과 악을 판단합니다.

순종은 절대적으로 따르며
자유는 열린 눈으로 사물을 봅니다.
순종은 아무것도 묻지 않고 행하지만,
자유는 그 의미를 따져 봅니다.

순종은 손이 묶여 있으나
자유는 창조적으로 일합니다.

사람은 순종함으로써
하나님의 계명을 따르고,
자유 안에서
새 계명을 만들어 냅니다.
순종과 자유,
그 둘은 기꺼이 책임을 지는 삶 속에서 실현됩니다.

행동

우리는 지나치게 많은 생각 속에 갇혀 살아왔으며
모든 일을 미리 심사숙고하기만 한다면
그다음 일들은 저절로 따라올 것이라 여겼습니다.
그리고 이미 너무 늦어 버리고야 말았을 때
행동의 원천은 생각이 아니라
책임감이라는 사실을 배웠습니다.

우리가 만나는 사람들 속에서
타인이 져야 할 책임도 고려하는 것은
책임 있는 삶과 행동에 경계선을 그어 줍니다.

온 세상을 낚싯대로 낚아 올리는 것이 아니라,
자신이 처한 장소에서
현실을 분명히 직시하며 꼭 해야 할 일을 하는 것.

그 일을 진실로 해내는 것이
바로 우리의 과제입니다.

역사

하나님이 역사의 주체이심을 알기에
무슨 일이 닥쳐오더라도
흘러가는 역사에 대한
공동의 책임을 회피하지 않는 사람,
그 사람은 역사적 사건들 속에서
풍성하게 열매 맺는 법을 배울 것입니다.
책임 있는 마지막 질문은
난처한 상황을 어떻게 영웅처럼 잘 피해 가느냐가 아니라,
다음 세대가 어떤 삶을 이어가게 될지를 묻는 것입니다.

역사는 타인을 위해,
다시 말해 공동체 전체를 위해,
그리고 다양한 모양의 공동체를 위해
그 책임을 인식할 때에 생성됩니다.

개인이 자기 자신만을 위해서가 아니라,

자아 속에 여러 자아를,

경우에 따라서는

심지어 엄청나게 많은 자아를 위해 행동함으로써.

소망

인생에서 환상이 주는 의미를
모두 무시할 수는 없지만,
그리스도인이라면
확실한 소망에
그 뿌리를 두어야 할 것입니다.

환상이
인간의 삶을 지탱해 나가는 데
그토록 큰 영향을 미칠 수 있다면,
소망이라는 확실한 토대 위에 세워진 인생은
얼마나 강할 것이며,
그러한 인생이
어떻게 무너질 수 있겠습니까?

어느 날에 우리는
소망으로 인해서가 아니라,
불안에 떠는, 소망 없는 가련한 모습 때문에
부끄럽게 될 것입니다.

하나님을 전혀 신뢰하지 않고,
하나님의 약속이 눈앞에 있음에도
거짓된 겸손을 내세워
눈앞에 있는 하나님의 약속을
손을 뻗어 잡으려 하지 않으며,
도리어 절망감에 싸여
하나님의 영원한 권세와 영광을 바라며 기뻐할 수 없는,
초라하고 소망 없는 모습으로.

사람은 소망과 더불어 자랍니다.
그 소망을 오직 하나님과
유일하신 그분의 권세에 둘 때에.

지혜

사물의 근원을 꿰뚫어 보며,
진실 그대로를 볼 수 있다면
그는 지혜로운 자입니다.
결국, 하나님 안에 있는 실상을 보는 자만이
진정 지혜롭다고 할 수 있습니다.
진실을 안다는 것은
겉으로 드러난 사실을 아는 지식과는 다르며
사물의 본질을 깨닫는 것을 의미합니다.
많은 정보를 얻는다고 지혜로워지는 것은 아닙니다.
정보의 홍수 속에서는
오히려 본질적인 것을 놓쳐 버리는
위험이 도사리고 있기 때문입니다.
때때로 얼핏 보아 아주 사소한 일이
사물의 근원을 파악하는 실마리가 되기도 합니다.

그러므로 지혜로운 자는
사건 자체에 매여 있기보다
그 과정을 주시하는 가운데
가장 중요한 사실을 이해하고자 애써야 할 것입니다.

죄

주기도문으로 기도할 때면
언제나
"우리 죄를 용서하여 주옵시고"라고
고백하게 됩니다.
이 고백은 무엇을 의미합니까?
이 고백은 우리에게 죄가 있음을
시인하는 것입니다.
죄라는 단어는 자주 사용되는 말로
교회에서나 종교 시간에
종종 들었던 기억이 있을 것입니다.
이 단어가 너무 흔히 사용되는 까닭에
사람들은 그 의미에 무디어지고 말았습니다.
그러나 죄에 대해 진정으로 애통하며 돌이킬 때마다
기독교는 새롭게 태어날 수 있었고,
약하고 지친 상태에서 벗어나
강건해질 수 있었습니다.

진실된 죄의 고백은

곁눈질로 다른 사람의 죄를 저울질하지 않습니다.

만약 다른 사람의 죄를 따지며

비교하기 시작한다면,

죄의 고백 대신에

자기의라는 열매 없는 도덕이

그 자리를 차지하고 말 것입니다.

책임

책임과 자유는
서로 통하는 개념으로
책임은 자유를 전제로 합니다.
그러나 이것은 시간적인 개념에서가 아니라
자유는 오직 책임 속에서만 존재할 수 있다는 의미입니다.
하나님과 이웃에 대한 의무를 다할 때에만 주어지는
인간의 자유가 바로 책임인 것입니다.

책임 속에서
순종과 자유는 현실이 됩니다.
이 사이에는 긴장이 감돌지만
그 둘을 따로따로 독립시키려 한다면,
책임은 종말을 고하고 맙니다.
그렇기 때문에 책임감 있는 행동은
종속되어 있으면서도 창조적이라 할 수 있지요.

평화

둘이나 셋 사이에
화평이 이루어질 때만이
우리가 바라는 온전한 평화도 자랄 수 있습니다.
그러므로 온 힘을 다해
모든 미움과 불신, 시기와 불화에
종지부를 찍읍시다.

안전을 추구하는 길에는
평화로 가는 길이 없습니다.
평화는 위험을 감수해야 하는
엄청난 모험이며,
절대 안전을 약속하지 않기 때문입니다.

평화는 안전의 반대말입니다.
안전을 구축한다는 말에는 이미 불신이 깃들어 있으며,
이러한 불신은 또다시 전쟁의 불씨가 됩니다.

안전을 구하는 것은 스스로 자신의 보호자가 되려 함이지요.
평화는 하나님의 계명에 전적으로 자신을 맡기고
안전 장치 대신,
전능하신 하나님에 대한 믿음과 순종으로
모든 민족의 역사를 그분 손에 의탁할 뿐
사사로운 유익을 위해 이용하려 들지 않습니다.

싸움은 무기로써가 아니라
하나님과 더불어 승리하는 것입니다.

신뢰

불신을 심어 불신에 기회를 주는 것이 얼마나 나쁜지,
우리가 할 수 있는 한 신뢰에 힘을 실어 주고
서로 신뢰하도록 애써야 함을
잘 알고 있겠지요.
신뢰는 우리가 더불어 살아가는 데 있어
가장 위대하고 복된 선물인 동시에
가장 희귀한 선물일 것입니다.

하나님은
한순간도 잊지 않으십니다.
그러므로 나중에 더 강한 믿음으로 행할 수 있도록
당장에는 무거운 율법으로만 보일지라도
하나님의 친밀하신 인도하심을 신뢰하며
확신 가운데 기다릴 수 있습니다.

인류 역사에서 한 개인의 행동이
하나님의 목적을
어느 정도 섬기게 될지
어떤 선을 이루게 될지,
그 누구에게도 마지막 확신은 주어지지 않습니다.
그것은 하나님의
은밀한 섭리에
속한 부분이기 때문입니다.

소원

마음의 간절한 소원에서 나오는 탄식과
기도의 탄식은 서로 다릅니다.

마음의 간절한 소원에서 나오는 탄식이
자신이 알고 있는 곤경에서 기인한다면,
기도의 탄식은 그 곤경으로 말미암아
하나님을 바라보도록 가르칩니다.
마음의 소원에서 나오는 탄식이
당당하게 요구하면서도 또 의심을 품는다면,
기도의 탄식은 겸손하며 신뢰로 가득합니다.

마음의 소원에 지나치게 집착하면
자신이 어떠한 존재인지,
어떠한 존재가 될 수 있는지를 잃어버리고 맙니다.
반대로 현재의 주어진 과제를 이루기 위해
때마다 일어나는 마음의 소원을 극복해 나가면,
어느새 우리는 부요해진 자신을 발견하게 됩니다.

아무 소원도 없다는 것은 가련한 일입니다.
그러나 이루어지지 않은 수많은 소원들에도 불구하고
풍성한 인생이 있습니다.

확신

신실하신 주님 팔에 고요히 둘러싸인
보호와 위로 놀라워라.
오늘도 나는 억새처럼 더불어 살며
활짝 열린 가슴으로 새로운 해 맞으렵니다.

지나간 날들 우리 마음 괴롭히며
악한 날들 무거운 짐 되어 누를지라도
주여, 간절하게 구하는 영혼에
이미 예비하신 구원을 주소서.

쓰디쓴 무거운 고난의 잔
넘치도록 채워서 주실지라도
당신의 선하신 사랑의 손에서
떨림 없이 감사하며 그 잔 받으렵니다.

그러나 이 세상의 기쁨,
눈부신 햇살 바라보는 기쁨이
다시 한 번 주어진다면

지나간 날들 기억하며
나의 삶 당신께 온전히 드리렵니다.

어둠 속으로 가져오신 당신의 촛불
밝고 따뜻하게 타오르게 하시며
생명의 빛 칠흑 같은 밤에도 빛을 발하니
우리로 다시 하나 되게 하소서.

우리 가운데 깊은 고요가 임하며
보이지 않는 주님 나라 확장되어 갈 때
모든 주님의 자녀, 목소리 높여 찬양하는
그 우렁찬 소리 듣게 하소서.

주님의 강한 팔에 안겨 있는 놀라운 평화여!
낮이나 밤이나 우리와 함께하시는 하나님은
다가올 모든 날에도 변함없으시니
무슨 일 닥쳐올지라도 확신 있게 맞으렵니다.

역자 주 : 본회퍼의 마지막 시. 살아서 감옥을 나갈 희망이 사라진 후, 성탄절을 앞두고 본회퍼가 그의 약혼녀 마리아에게 보낸 것이다.

3

기독교인의 마지막 해답

시험

실패는
도덕적으로 나무랄 데 없이 살아온 사람에게
더 강인해져야 함을 가르쳐 줍니다.
그러므로 그의 실패는
절대 돌이킬 수 없는 일이 아닙니다.

그리스도인이 시험에 들면
자신의 힘으로는 헤어나올 수 없음을 압니다.

시험은 그에게
돌이키기 어려운
암흑의 시간입니다.
그러므로 그리스도인은
스스로 견뎌낼 힘을 달라고 하지 않고,
시험에 들지 말게 해 달라고 기도하는 것입니다.

그리스도인은
자신의 판단대로 살아가지 않고
하나님의 때에 따라
살아가는 사람입니다.
그는 시험이 찾아온다 해도
언제든 스스로 극복할 수 있으리라 장담하지 않으며,
시험이 없는 바로 그때에
시험에 들지 말게 해 달라고
겸손히 기도합니다.

성경

성경은 다른 책들처럼
쉽게 읽을 수 있는 책이 아닙니다.
우리는 진실로 묻는 자세로 나아가야 하며
그럴 때에 비로소 성경의 문이 열립니다.

우리가 마지막 해답을 성경에서만 기대할 때,
성경은 우리에게 그 답을 보여 줍니다.
왜냐하면, 성경 속에서
하나님이 우리에게 말씀하기 때문입니다.
하나님은
우리 스스로 유추해 낼 수 있는 분이 아니기에
겸손히 그분에게 묻고 들어야 합니다.

성경은
하나님을 발견하게 하는 말씀이길 원합니다.

처음부터 쉽게 이해되고
편안하게 느껴지는 곳이 아니라,
우리의 본성과는 완전히 다르며
모든 면에서 낯선 곳,
그러나 하나님께서
우리를 만나고자 정해 놓으신
바로 그 장소입니다.

십계명

사람들은 모든 시대에 걸쳐
삶의 기본 규범에 대해
생각에 생각을 거듭했습니다.
그리고 놀랍게도
그러한 생각들의 결과는
십계명과 대부분 일치하고 있음을 보여 줍니다.

하나님께서는 그분의 계명을 알게 하셨습니다.
그러므로 하나님의 뜻을 몰랐다고
아무도 핑계댈 수 없습니다.
하나님은 우리를
해결할 수 없는 갈등 속에 내버려 두지도,
지나친 도덕규범의 비극 속으로 몰아넣지도 않으시며
오직 그분의 뜻을 분명하게 알게 하십니다.

하나님의 계명에 대해서
우리는 두 가지 태도로 반응할 수 있습니다.
절대적이고 조건 없는 순종이 그 하나이며,
다른 하나는 뱀이 던졌던 질문처럼
하나님이 진실로 그렇게 말씀하시더냐고 되묻는 것입니다.
이러한 의심은 순종의 원수이며
결국 모든 참된 그리스도인의 원수입니다.
순종보다 먼저
하나님의 계명에 의문을 제기한다면
이미 하나님을 부인한 것이나 다름없습니다.

감사

감사는
사람의 마음에서
자연스럽게 흘러나오는 감정이 아니라,
하나님의 말씀을 통해 생겨납니다.

그러므로 감사는 배워야 하고
연습해야 합니다.
감사는 선물을 받는 것에 그치지 않고
선사하는 자를 찾아 나서,
그에 대한 사랑을 싹 틔웁니다.

감사는 너무도 겸손하여
무엇이든 기꺼이 받아들이지만
교만한 자는 자기 것이 아니라며
선물 받기를 주저하지요.

감사하는 자에게는
모든 것이 선물로 변하는데,
그것은 애초에 자신의 노력으로 얻은 것이
아무것도 없다는 사실을 알기 때문이지요.

감사할 때에 비로소 삶은 부요해집니다.
사람은
다른 사람이 해낸 일보다
자신의 행위와 업적을 중요시하며
스스로 과대평가하는 경향이 크기 때문입니다.

기쁨

기뻐할 수 있다는 것은
우리 속에 깃들어 있는 얼마나 복된 성향입니까!
맘껏 기뻐하세요.
기쁨은 우리를 강하게 합니다.
참된 기쁨은
즐겁고 평화스러운 곳에서뿐만 아니라
어쩌면 우리의 소망과 다른 방향으로 흘러가는 곳일지라도
그 모든 상황 속에서 하나님을 보며
그분의 사랑을 발견해 가는 데 있습니다.
그것은 결코 쉬운 일이 아닙니다.

기쁨은
모두 이해할 수는 없으나
참으로 살아 숨쉬는 그 무엇으로
하나님의 사랑이 발견되는 곳마다 자연스럽게 피어나지요.
그러므로 참된 기쁨은
기뻐하는 사람에게나
전혀 상관없는 타인에게나

항상 이해하기 어려운 그 무엇입니다.
기쁨은 어느새 우리 곁에 와 있으니까요.

기도

우리의 힘은 기도이며,
기도는 곧 하나님을 신뢰하는 것입니다.

아침에 눈 뜨는 순간부터
잠드는 순간까지
온전히
나와 타인을 하나님의 보호하심에 맡기며
근심 걱정도
기도가 되어 그분께로 향하게 합시다.

우리의 기도는
결코 하나님께 약속을 받아내는 수단이 아니며,
그분 앞에 일일이 나열해 보일 필요도 없습니다.
구하기 전에
우리에게 필요한 것이 무엇인지
이미 그분께서 알고 계신다고 하지 않습니까?

올바른 기도는
일이나 연습이나 경건한 자세 같은 것이 아니며,
오직 아버지의 마음으로 달려가는
아이의 간구입니다.
그러므로 기도는 결코
하나님에게나 우리 자신에게,
또는 타인에게
보이기 위한 것이 아닙니다.

성도의 교제

성도의 교제는
한 사람 한 사람이 없어서는 안 될
사슬의 고리와 같음을
인식하고 있느냐에 그 성패가 달려 있습니다.
가장 작은 고리까지도
견고하게 맞물려 있을 때에라야만
그 사슬은 절대 끊어지지 않는 법입니다.
한 사람이라도
쓸모없게 여겨지는 것을 용인한다면,
성도의 교제는 깨어지고 말 것입니다.

그러므로 각 구성원이
성도의 교제를 위해
일정한 과제를 맡게 된다면 유익하겠지요.
그리하여 의심이 찾아오는 순간에
자신이 그래도 전혀 쓸모없지는 않음을 느낄 수 있도록.

그리스도 안에 있는 모든 교회는
약한 자가
강한 자를 필요로 하듯이,
강한 자도
약한 자 없이는 존재할 수 없음을
분명히 인식해야 합니다.
약한 자를 무시하는 것은
곧 교회의 죽음을 의미한다는 것을.

예수 그리스도

사람의 몸을 입고 오신 그리스도,
그분께서는 우리와 똑같은 사람이 되셨습니다.
그러므로 그리스도의
사람 되심과 낮아지심 속에서
우리 본연의 모습을 다시 찾게 됩니다.

우리가 하나님으로부터 기대할 수 있는 모든 것,
또 그것을 구할 수 있는 까닭은
오직 예수 그리스도 안에 있습니다.
그러므로 하나님께서 무엇을 약속하시고
무엇을 성취하시는지 알기 위해서
예수님의 삶과 말씀,
그분의 행하심,
고난과 죽음을,
날마다 아주 오래오래
조용히 묵상하는 시간을 가져야 합니다.

우리가 사는 땅은
예수님이 사람의 몸을 입고 거니심으로
존귀하게 되었고,
사람이 예수 그리스도처럼 살아갈 때
오직 그때에만
삶의 의미를 찾을 수 있습니다.
예수님이 이 세상에서 친히 살지 않으셨다면,
우리 인생은
우리가 알며 존경하고 사랑하는,
그 모든 사람이 치열히 살아왔음에도 불구하고
아무런 의미가 없습니다.

사랑

사랑은 기다릴 수 있고,
오래오래 기다릴 수 있고,
끝까지 기다릴 수 있습니다.
사랑은 절대 조급하지 않으며,
지나치게 서두르지도 강요하지도 않습니다.
사랑은 오랫동안 인내하며
소망 가운데 기다릴 수 있기 때문입니다.

두 사람이
서로에 관해 모든 것을 알게 될 때,
둘 사이에 존재하는 사랑의 비밀은 한없이 커집니다.
사랑 안에서 둘은
서로 이해하며,
서로에 대해 온전히 알아 가고,
서로 온전히 인식하게 됩니다.
그런데 서로 사랑하면 할수록
사랑 안에서 서로 알아 갈수록
둘 사이의 사랑의 비밀 또한 더욱 깊어집니다.

그러므로 지식은 비밀을 소멸하지 못하고,
깊어지게 할 뿐이지요.
타인이 나와 이토록 가까이 있다는 것,
그것이 가장 큰 비밀이 아니고 무엇이겠습니까?

이웃

우리는 분주한 삶 속에서
하던 일을 잠시 멈추는 법 또한 배워야 합니다.
하나님은 매일매일
긴급히 도움을 구하는 사람들을
우리 앞으로 보내심으로
우리가 가는 길과 스스로 계획한 일들을
막으실 수도 있습니다.

수많은 사람이
들어줄 귀를 간절히 찾고 있지만,
그리스도인 가운데서도 듣는 귀를 찾지 못하고 있습니다.
그들이 가만히 귀를 기울여야 할 순간에도
자기 말을 하느라 바쁘기 때문이지요.

오랫동안 인내하며 들어줄 수 없는 사람은
자기 자신도 허공을 치는 말을 하게 될 뿐이며,
그러면서도 그 사실을 깨닫지 못합니다.

상대방의 눈을 들여다보며 말하면
그 사람이 무엇을 말하고자 하는지 이해하게 될 것입니다.
그 사람이 어떻게 웃는지 살피며,
그 사람이 자기 부모에 대해서 하는 말을 들어주고,
그 사람이 하나님에 대해서 하는 말에 귀를 기울이십시오.

우리에게 가장 큰 비밀은
먼 곳에 있는 사람이 아니라
바로 가까이 있는 이웃에게서 찾을 수 있습니다.

염려

염려하지 마십시오!
재물은
사람의 마음속에
걱정 근심 없이 안전하다는
거짓된 확신을 심어 줍니다.
그러나 사실 염려는
결국 재물 때문에 생겨나는 것입니다.
재물에 매여 있는 마음은
숨 막히는 염려의 짐을 지고 살아가게 합니다.

염려는 언제나 내일을 생각하지요.
그러나 엄격하게 따져 보면
재물은 오늘만을 위해 존재합니다.
내일을 보장받으려는 마음은
오늘을 사는 나를 불안하게 합니다.
내일을 하나님의 손에 온전히 맡기고
오늘 필요로 하는 것을 감사함으로 받으며

전심으로 오늘을 살아가는 사람만이
진실로 안전합니다.
내일에 대한 생각은
나를 끝없는 염려의 노예로 만들어 버립니다.

용서

우리는 다른 사람과의 관계에서
그 사람에 대해 특별히 나쁜 생각만 품지 않는다면
이미 용서한 것이나 마찬가지라 여기며
너무 가볍게 생각하는 경향이 있지요.
동시에 그 사람에 대해
좋은 생각을 품고 있지 않다는 사실에는
전혀 개의치 않습니다.
그러나 기억하십시오.
용서란
그 사람에 대해 순전히 좋은 생각만을 품으며
언제까지나 그 생각에 변함이 없는 것을 의미합니다.

용서는 시작과 끝이 정해져 있는 것이 아니며
매일 끊임없이 일어나는 것입니다.
그 용서는 하나님으로부터 오는 것이지요.
용서는 더불어 살아가는 삶에서
모든 부자유스러운 관계를 자유롭게 하는 원동력입니다.

용서함으로
자기 자신으로부터 자유로워지며
용서함으로
자기 자신의 권리를 포기하게 되며
오직 다른 사람을 돕고 섬길 수 있습니다.
용서한다는 말은 무엇입니까?
그것은 하나님이 우리 죄를 묻지 않으시고
벌하지 않으신다는 것입니다.

믿음

첫 성찬식 설교에서……

교회나 성도들 사이에서
믿음을 고백하는 일은
차라리 쉽다는 사실을 알겠지요.
그러나 매일의 삶 속에서
순간순간 결단의 귀로에 서게 될 때
비로소 참된 믿음이 드러납니다.
믿음은 한순간에 완성되지 않으며,
믿음은 내일과 또 다음날까지도
매일매일 새롭게 승리해 나가야 합니다.
하나님은
오직 하루를 살아갈 만큼의 믿음을 주시기에
믿음은 하나님이 주시는
일용할 양식과도 같습니다.

성도의 교제는
이 땅에서 우리에게 허락된
가장 큰 선물입니다.
그러나 하나님이 이 선물마저도
취하실 때가 있습니다.
그러면 우리는 자신이 가진 믿음으로
홀로 일어서며 또 넘어지기도 합니다.
인생에서 가장 처절하게 고독할 그 시간에
우리가 하나님께 기도하도록 하시기를.
사랑하는 주님,
제가 믿사오니
저의 믿음 없음을 도우소서!

안전

두려움은
우리를 유혹하여 넘어뜨리려
악이 쳐놓은 그물과도 같습니다.
그러므로 두려움에 빠지는 순간
우리는 이미 넘어진 것이나 다름없습니다.

쟁기를 가는 사람은
뒤를 돌아보지도
시야가 닿지 않는 먼 곳을 바라보지도 않으며
그가 내디뎌야 할
다음 발걸음에 주목합니다.

하나님은 우리가 곤경에 빠질 때마다
꼭 필요한 만큼
견딜 힘을 주시려 한다고 저는 믿습니다.
그러나 우리가 자신을 의지하지 않고
오직 하나님만을 의지하도록
그 힘을 미리 주시지는 않습니다.

하나님에 대한 이러한 믿음은
미래에 대한 모든 두려움을 극복하도록 도울 것입니다.

본회퍼의 삶

디트리히 본회퍼의 부모님인 카알 본회퍼 박사와 파울라 본회퍼 여사.
브레슬라우에서 살던 시절 젊은 부부의 모습

1906년

디트리히 본회퍼는 1906년 2월 4일 브레슬라우에서 쌍둥이 여동생 사비네와 함께 태어났다. 그에게는 네 명의 자매와 세 명의 형제가 있었다. 그가 여섯 살이 되던 해, 아버지 카알 본회퍼 박사 Karl Bonhoeffer는 베를린 의과대학 신경정신과 교수 겸 대학병원 신경과 주임으로 부임하였고, 그의 가족은 그때부터 베를린에서 살게 되었다. 어머니인 파울라 본회퍼 여사 Paula Bonhoeffer, 결혼 전의 성은 폰 하제는 신앙심이 돈독하였고, 적극적이며 사교적이고 상상력이 풍부한 사람이었다.

1914년, 디트리히와 쌍둥이 여동생 사비네 본회퍼

1921년, 그루네발트 김나지움(Grunewald-Gymnasium)
본회퍼는 오른쪽 두 번째줄 가운데 앉아 있다.
역자 주 : 김나지움이란 독일 인문계 고등학교를 일컫는 말, 독일의 학제는 초등학교 4학년을 마치면, 담임 선생님의 추천으로 인문계 고등학교나 실업계 학교로 진학하게 된다.

1922/23년, 하벨(Havel)에서

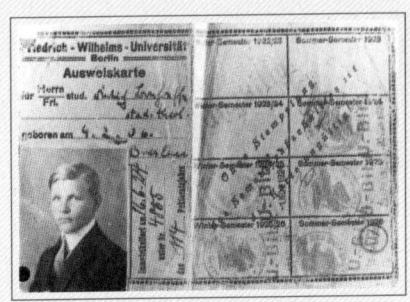

디트리히 본회퍼의 베를린 대학교 학생증

1923년

1923년, 디트리히 본회퍼는 17세에 독일 대학교 입학자격 시험인 아비투어Abitur에 합격하였고, 튀빙겐Tübingen에서 신학 공부를 시작하였다.

1924년 여름 방학을 보내고 베를린으로 돌아왔고, 베를린 대학에서 신학 공부를 계속하였다. 1927년 겨울, 스물한 살의 나이로 1차 신학 고시에 합격하였으며 그와 동시에 박사 학위 논문을 제출하였다.

그 후 1년 동안 스페인 바르셀로나에서 독일 교회 부목사 자격으로 섬기게 된다.

1930년 다시 베를린으로 돌아온 본회퍼는 2차 신학 고시에 합격하였으며 대학교수 자격을 부여 받았다. 그러나 단독으로 목사 직을 수행하기에는 그의 나이가 너무 어리다고 판단되어, 한 해 동안 뉴욕으로 가서 유니언 신학부 연구 과정에 다녔다.

1931년 본회퍼는 독일로 돌아와 대학의 시간강사가 되었고, 베를린 공과대학의 교목으로 섬겼다.

이후 본회퍼는 '교회 간의 친목을 위한 세계교회협의회'의 청년부 간사로 임명되었다. 그는 대부분 시간을 베를린 프렌

1932년 부활절, 베를린 프리드리히스브룬 지역에서 디트리히 본회퍼가 맡아서 가르치던 콘퍼만덴(Konfirmanden) 그룹의 소년들과 함께 찍은 사진

역자 주 : 독일에서는 12~14세 청소년들이 교회 목사님과 함께 2년에 걸쳐 매주 그룹으로 성경을 공부하며 기독교 신앙에 대해 배우는 시간을 가지는데, 그것을 콘퍼만덴 수업이라 한다. 이 과정을 마치면 콘퍼마치온이라 하여 온 가족 친지를 초청하여 함께 주일 예배를 드린다. 이때 모든 콘퍼만덴 청소년들이 단상에 올라가 성경 문답 시간을 가지기도 하며 교회 성도들의 축복을 받는다. 그 후에는 파티를 여는 경우도 있으며, 세례식과는 분명히 차이가 있지만, 정식으로 기독교에 입문하는 과정 중 하나라고 볼 수 있다.

1934년 파뇌에서 찍은 사진.
왼쪽부터 잉에 카르딩, 로테 퀸, O. 두드추스, D. 본회퍼, 이름을 알 수 없는 스웨덴 청년

츠라우어베르크 지역의 콘퍼만덴 그룹 청소년들을 섬기는 일에 할애하였다. 그는 가난한 환경에서 살아가는 소년들에게 관심을 두고 섬기며 주말을 그들과 함께 보냈고, 어머니 파울라 본회퍼 여사의 도움을 받아 소년들 모두에게 콘퍼마치온 Konfirmation에서 입을 예복을 준비해 주기도 하였다.

1933년 아돌프 히틀러가 권력을 장악하자, 본회퍼의 삶에도 엄청난 변화가 찾아왔다. 얼마 지나지 않아 본회퍼는 교회 내에서 반정부 입장의 중심에 서게 되었다.

북부 독일에 있는 동해(Ostsee)에서 신학부 학생들과 함께 찍은 사진

이어 1933년 10월 그는 런던의 독일교회 목사 직을 맡아 런던으로 떠났다.

1934년 8월 본회퍼가 아직 런던에 머무르고 있을 때, 덴마크 파뇌에서 대규모의 범교회 집회가 열렸다. 그때 본회퍼가 참석하여 맡은 한 강연*은 매우 큰 호평을 받아 유명해졌다. 그 강연은 오늘날까지도 그 가치를 인정받으며 자주 인용되곤 한다.

* 편집자 주 : 평화연설(Friedenspredigt)이라 일컬어지며, 이 책의 p. 50 '평화'는 여기에서 발췌하였다. 본회퍼는 이 강연에서 "세계는 무기를 가지고 노려보고 있고, 사람들은 무섭게 불신의 눈초리로 바라보고 있다"고 외치며 전쟁의 전조를 경고하고 평화를 위한 세계교회의 관심을 촉구하였다. 아울러 그는 범 교회적 에큐메니컬 공의회(okumenisches Konzil)를 열 것을 제안하는데, 이 제안이 오늘날 에큐메니컬 평화 운동의 시초가 되었다.

1934년

핑켄발데 고백교회 신학교의 작은 기도실

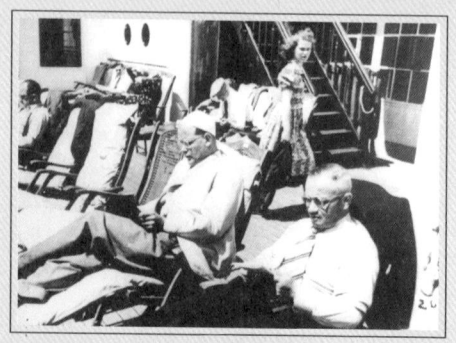

브레멘에서 미국으로 향하는 디트리히 본회퍼

1935년 4월, 본회퍼는 독일로 돌아왔고, 당시 불법이었던 핑켄발데 고백교회설교자학교를 맡았다. 슈테틴에 위치한 고백교회는 개신교 내에서 독일 나치당의 독선을 막고자 애썼다. 1937년 고백교회설교자학교는 경찰의 압력으로 문을 닫게 되었으나, 설교자학교는 몰래 숨어 계속 진행되었다. 그러나 1940년 독일 나치 비밀경찰 게슈타포에 의해 완전히 폐쇄되고 말았다.

1939년, 가을 미국에서 돌아온 후

1939년 여름, 본회퍼는 미국 친구들의 강권으로 뉴욕 행을 결심했다. 머지않아 전쟁이 발발하게 될 것과 그 때문에 본회퍼가 커다란 곤경에 처하게 될 것임을 누구든 예감할 수 있었기 때문이다. 미국은 그의 안전을 위해 좋은 해결책으로 보였으나, 그는 '이 시대의 시험'에 맞서 외롭게 싸워야 할 독일의 가족들과 친구들을 떠나 홀로 안전한 곳에 있다는 사실을 견딜 수 없었다. 결국, 그는 6주 후 다시 독일로 돌아오게 된다. 본회퍼는 이 길이 위험한 길임을 알았다. 교회의 저항이 이제 정치적 저항으로 바뀐 것이다.

한편 본회퍼의 누이 크리스티네의 남편인 한스 폰 도나니 박사는 정보국에서 일하며, 나치 정권에 저항하는 모임을 이끌고 있었다. 매형인 도나니 박사를 통해 본회퍼는 특별 사명을 맡게 된다.

한스 폰 도나니 박사

그 일은 공식적으로는 정보국을 위해 외국과의 관계를 원활하게 하는 일이었으나, 실제로는 히틀러 정권에 저항하는 일이었다. 본회퍼는 1940년에서 1942년에 걸쳐 스위스와 노르웨이, 스웨덴, 로마를 여행하며 정보국에서 파견된 특사로 활동했다.

1940년

1940년, 에탈에서 보낸 크리스마스. 피아노를 치고 있는 디트리히 본회퍼, 한스 폰 도나니의 자녀들, 플루트를 불고 있는 에버하르트 베트게

1942년, 룻 폰 클라이스트-레초우 여사와
콘스탄틴 폰 클라이스트-레초우와 함께 킥코우에서

교회에서 섬기는 일들과 정치적 저항 활동 외에 본회퍼는 신학적인 저술 활동을 중요하게 생각하였다. 1938년 베를린에서 추방되기도 했지만, 저술 작업은 주로 베를린의 자택에서 이루어졌다.

글을 쓰기 위해 본회퍼는 룻 폰 클라이스트-레초우 여사의 영지 킥코우의 포메른에서 많은 시간을 보내었다. 클라이스트-레초우 여사는 핑켄발데 신학교를 여러 모양으로 도왔던 분이었다.

이곳에서 그는 클라이스트-레초우 여사의 손녀딸 마리

1942년, 마리아 폰 베데마이어

아 폰 베데마이어 Maria von Wedemeyer를 만났고, 1943년 그녀와 약혼하였다.

1943년 4월 5일 디트리히 본회퍼는 게슈타포에 의해 체포되었다. 1944년 7월 20일 아돌프 히틀러를 제거하려는 시도가 수포로 돌아가자, 본회퍼는 살아서 감옥 문을 나설 가능성이 희박해졌음을 직감했다.

* 역자 주: 7월 20일 사건, 헬무트 제임스 폰 몰트케 백작(Helmuth James von Moltke)을 중심으로 모인 대규모 나치 저항 세력에 의한 히틀러 암살 기도 사건. 고위 장교로서 히틀러 측근 회의에 참여할 기회가 있던 클라우스 폰 슈타우펜베르크(Claus von Schauffenberg)는 폭발물이 든 가방을 히틀러가 앉은 자리 가까운 곳에 두고 전화를 걸어야 한다는 명분으로 그 자리를 빠져 나오는 데 성공했다. 시간이 되어 폭탄은 성공적으로 폭파되었으나, 히틀러는 악마와 계약이라도 맺은 듯 살아남았다. 이 사건 이후 히틀러는 저항 세력에 대한 잔인한 복수극을 연출했다. 그의 측근 세력들은 저항 세력을 하나하나 색출해 심문하며 고문을 가했고 강제수용소로 보내거나 처형했다. 연합군에 의해 독일이 점령되고 전쟁이 패배로 끝나갈 무렵, 아직 감옥에 미결수로 남아 있던 많은 양심수가 비밀리에 처형되었고, 이때 본회퍼의 형인 클라우스와 매형들인 뤼디거 슐라이허와 한스 폰 도나니도 암살되었다.

본회퍼가 수용되어 있던 테겔 형무소 감방의 작은 창

1943년

1944년

1944년, 함께 수용되었던 이탈리아 공군 장교들과 함께 베를린 테겔 형무소 마당을 걷고 있는 본회퍼

1945년 2월 7일 본회퍼는 부헨발트 강제수용소로 이송되었다. 그의 이송 소식은 가족들에게조차 전해지지 않았다. 마리아 폰 베데마이어는 여러 수용소를 수소문하며 약혼자를 찾아 다녔다. 결국, 플로센뷔르크 수용소까지 찾아갔으나 약혼자를 만나지는 못하였다.

1945년 4월 9일 새벽 미명에 디트리히 본회퍼는 플로센뷔르크 수용소에서 교수형을 당했다. 7월이 되어서야 가족들은 그의 죽음을 알게 되었다.

그 당시, 처형되는 사람이 누구인지 알지 못한 채 본회퍼의 교수형에 참관하였던 나치 친위대(SS) 군의관은, 그 사건 이후 10년이 지나 이렇게 기록하였다.

"그날 아침 5시에서 6시 사이, 수감된 이들이 감방에서 끌려 나왔고 군사 재판에 부쳐졌다. 나는 반쯤 열린 문을 통해서, 죄수복을 벗어놓은 본회퍼 목사님이 그의 하나님께 조용히 무릎 꿇어 기도하는 모습을 지켜볼 수 있었다. 이상할 정도로 마음이 끌리는, 이 남자의 깊은 헌신과 신뢰가 넘치는 기도에 나는 큰 충격을 받았다. 형장에 가서도 그는 다시 짧게 기도를 드렸고, 그 후에는 흐트러짐 없이 담담하게 교수대에 올라섰다. 그의 죽음은 채 몇 초도 걸리지 않았다. 나는 거의 50년 동안이나 의사로 살면서 수많은 죽음을 지켜보았지만, 하나님께 그토록 헌신하며 죽음을 맞이하는 사람을 본 적이 없었다."

이 책에 나오는 모든 글과 그림은 독일 귀터스로허출판사(Gütersloher)에서 출간한 아래의 책들에서 발췌하였습니다.

Dietrich Bonhoeffer Werke, 16 Bände und Registerband(디트리히 본회퍼 전집 총 16권과 색인). Eberhard Bethge, Ernst Feil, Christian Gremmels, Wolfgang Huber, Albrecht Schönherr, Heinz Eduard Tödt, Ilse Tödt.

Dietrich Bonhoeffer, Bilder aus seinem Leben(디트리히, 본회퍼 삶의 모습들). Eberhard Bethge, Renate Bethge, Christian Gremmels, 초판 2쇄, 1989년, 240쪽, 525개의 삽화.

Renate Bethge, Wunderbar geborgen, Dietrich Bonhoeffer, p48, zahlreiche Fotos(주의 손에 숨겨진 놀라운 평화, 사진으로 보는 본회퍼).

1945년

플로센뷔르크 강제 수용소. 이곳에서 처형이 이루어졌다.

감수의 글

디트리히 본회퍼의 메시지가 한국 교회가 가야 할 길을 밝혀주는 등불이 되리라 확신하며 …

국제제자훈련원에서 만프레드 베버 Mafred Weber가 엮은 『정말 기독교는 비겁할까? Freiheit zum Leben(원제: 자유로운 삶을 위하여)』를 번역, 출판하는 것이 기쁩니다. 엮은이인 만프레드 베버는 독일의 유명한 신학 전문 출판사인 귀터스로허 출판사에서 오랫동안 근무한 분으로 디트리히 본회퍼의 명상적이고 성찰적인 글들을 여러 권의 책으로 편집, 출간하였습니다.

『디트리히 본회퍼 A부터 Z까지 Dietrich Bonhoeffer von A bis Z』, 『이 날도 여러분과 더불어 살아가리 So will ich diese Tage mit euch leben』, 『매일 한 말씀 Worte für jeden Tag』, 『주님의 권능에 둘러싸인 놀라운 보호 Von guten Mächten wunderbar geborgen』, 『아침마다 새롭게 시작하는 하루 Jeder neue Morgen ist ein neuer Anfang』, 그리고 국제제자훈련원에서 이번에 출간하는 『정말 기독교는 비겁할까?』 등이 그것입니다.

본회퍼가 남긴 메시지와 사진 자료로 구성된 이 책은, 엮은이 만프레드 베버가 머리말에서 밝힌 것처럼, 진정 자유로운 사람은 자기 마음 내키는 대로 사는 사람이 아니라 의를 위해 위험을 무릅쓰고 도전하는 사람이며, 행동만이 자유를 보장하고, 진정한 자유는 오직 하나님에게 의지하는 데서 비롯된다는 본회퍼의 신념을 잘 나타내고 있습니다.

디트리히 본회퍼, 독일 나치 독재에 항거하기 위해 히틀러 암살음모에 가담했다가 체포되어, 39살의 나이에 교수형을 당한 신학자, 그의 신학은 그의 삶만큼이나 단편적이지만 그가 끼친 영향은 실로 측량하기 어려울 정도입니다. 특히 폭압적인 권력이 신격화되고, 억압적인 불의의 현실 앞에 교회가 침묵하는 곳에서 본회퍼의 이름이 더욱 빛납니다.

오늘의 한국 개신교회는 그 공신력을 상실한 지 이미 오래되었습니다. 그리스도교 신앙의 공공성을 회복하는 길이 한국 교회의 미래를 밝혀줄 것입니다. 디트리히 본회퍼의 이 책이 한국 교회가 가야 할 길을 밝혀주는 등불이 되리라 확신하며, 기쁨으로 이 책의 출간을 축하합니다.

채수일 한신대학교 총장

다양한 저술 및 학술 활동을 통하여 본회퍼 신학을 널리 전하고 있다. 월간 〈기독교 사상〉에 "디트리히 본회퍼의 깊이와 넓이"를 1년간 연재하였으며, 본회퍼 묵상집 『누구인가, 나는』(대한기독교서회)를 번역하였다. 현재 한신대학교 총장, 한국기독교학회 회장으로 섬기고 있다.

역자의 글

불의한 세상 가운데,
지치고 목마른 영혼에게 생수를 …

사막같이 황량한 이 세상을 살아가는 동안, 하나님의 사랑이 우리 마음 가득 부어지는 순간은 우리에게 얼마나 행복한 시간입니까? 온 세상을 다 사랑할 수 있을 것만 같은, 새 마음과 새 영으로 충만한 그 시간이 영원히 이어지면 좋으련만, 우리는 또다시 사막과 같은 인생 길을 걸어가야 함을 잘 알고 있습니다.

저는 이 책을 번역하면서 제 영혼에 하나님의 사랑이 부어지는 그 감동과 은혜를 자주 누릴 수 있었습니다. 혼탁한 세상 가운데 진리의 빛이 선명하게 비추어질 때 맛보는 감동이랄까요, 아니면 진리 앞에서 저도 모르게 겸허해지고 숙연해지면서 마음이 새로워지고 삶에 대한 믿음과 용기가 솟아나는 감동이랄까요?

저는 한국 사회의 문제가 사람을 지나치게 의식하고, 진정으로 진리 안에서 자유로운 사람이 적으며, 불의한 것이 너무 당연하게, 아무렇지 않게 통하는 데에 있다고 생각합니다. 그러다 보니 진실하지 못하지요….

'의'는 정당한 대가를 지불하는 것입니다.
'의'가 중요하지 않았다면, 예수님께서 십자가에 죽으실 필요도 없었지요. '의'가 바로 서지 않으니 우리는 감사할 줄도, 사랑할 줄도 모르는 것이 아닐까요?

불의한 세상 한가운데서 지치고 목마른 영혼에 디트리히 본회퍼의 글 한 편 한 편이 한겨울의 혹독한 추위를 이기고 얼어붙은 대지를 녹이는 온화한 봄기운처럼, 기쁨과 소망, 사랑과 감사, 기도와 확신이라는 생수를 선사하리라 기대해 봅니다. 이 책이 부디 사람들의 영혼을 정직하게 하는 데 사용되었으면 좋겠습니다.

독일 칼스루 근교에서 **정현숙**

원문 출처

Dietrich Bonhoeffer Werke 4. Nachfolge. Hrsg. von Martin Kuske und Ilse Tödt, 1994. 『나를 따르라』(대한기독교서회).

1. 기도 p. 157f, 산상수훈 중 '은밀한 기도'에서
2. 염려 p. 171, 산상수훈 중 '염려없는 삶의 단순성'에서

Dietrich Bonhoffer Werke 5. Gemeinsames Leben. Das Gebetbuch der Bibel. Hrsg. von Gerhard Ludwig Müller und Albrecht Schönherr. 1987. 『성도의 공동생활. 성서 속의 기도책』(대한기독교서회).

1. 성도의 교제 p. 80, 1938년 '섬김'이라는 글에서
2. 이웃 p. 83, 1938년 '섬김'이라는 글에서

Dietrich Bonhoeffer Werke 6. Ethik. Hrsg. von Ilse Tödt, Heinz Eduard Tödt, Ernst Feil und Clifford Green. 1998. 『윤리학』(대한기독교서회).

1. 그리스도인 p. 404, '교회 안에서의 하나님의 계명'이라는 글에서

2. **자유** p. 288, 1942년 '역사와 선'이라는 글에서

3. **역사** p. 219, 1942년 '역사와 선'이라는 글에서

4. **지혜** p. 67f, 1940년 '형상으로서의 윤리'라는 글에서

5. **죄** p. 126f, '죄와 칭의, 거듭남'이라는 글에서

6. **책임** p. 283, '책임감 있는 삶의 구조'라는 글에서

Dietrich Bonhoeffer Werke 8. Widerstand und Ergebung. Briefe und Aufzeichnungen aus der Haft. Hrsg. von Christian Gremmels, Eberhard Bethge und Renate Bethge in Zusammenarbeit mit Ilse Tödt. 1998. 『저항과 복종』(대한기독교서회).

1. **악** p. 29, '10년 후'라는 글에서

2. **감사** p. 158, 1943년 9월 13일 옥중 편지에서

3. **기도** p. 256, 1943년 성탄을 앞두고 쓴 옥중 편지에서

4. **역사** p. 25, '10년 후'라는 글에서

5. **행동** p. 433, 1944년 5월 친구 에버하르트 베트게와 조카 레나테 베트게 사이에 태어난 첫 아들이 유아 세례를 받을 때, 옥중에서 쓴 '세례식을 생각하며'라는 글에서

6. **소망** p. 544f, 1944년 7월 25일 옥중 편지에서

7. **예수 그리스도** p. 573, 1944년 8월 21일 옥중 편지에서

8. **낙관주의** p. 36, '10년 후'라는 글에서

9. **성품** p. 33, '10년 후'라는 글에서

10. **안전** p. 30f, '10년 후'라는 글에서

11. **과거** p. 429f, 1944년 5월 '세례식을 생각하며'라는 글에서

12. **신뢰** p. 31, '10년 후'라는 글에서

13. **소원** p. 127, 1944년 3월 19일 옥중 편지에서

14. **시간** p. 19, '10년 후'라는 글에서

15. **미래** p. 310f, 1944년 2월 1일 옥중 편지에서

16. **확신** p. 607f, 1944년 19월 19일 옥중 편지에서. 약혼녀 마리아 폰 베데마이어에게 보낸 마지막 편지에 들어 있던 시이며, 약혼녀와 부모님, 형제자매들에게 마지막으로 전한 성탄 인사.

● 국내에 역간되지 않은 출처들

Dietrich Bonhoeffer Werke 10. Barcelona, Berlin, Amerika 1928-1931. Hrsg. von Reinhart Staats und Hans Christoph von Hase in Zusammenarbeit mit Holger Roggelin und Matthias Wünsche. 1991. '바르셀로나, 베를린, 아메리카 1928-1931'.

1. **현재** p. 514, 1928년 9월. 23일 설교에서

2. **이웃** p. 544, 1928년 '어떤 청년을 위하여'라는 글에서

3. 죄 p.554f

Dietrich Bonhoeffer Werke 11. Ökumene, Universität, Pfarramt 1931-1932. Hrsg. von Eberhard Amelung und Christoph Strohm. 1994. '교회 연합, 대학, 목사직 1931-1932년'

1. **신앙 고백** p.446, 1932년 6월 19일 설교에서

Dietrich Bonhoeffer Werke 12. Berlin 1932-1933, Hrsg. von Carsten Nicolaisen, Ernst-Albert Scharffenorth, 2001. '베를린 1932-1933'

1. **기쁨** p.458

Dietrich Bonhoeffer Werke 13. London 1933-1935. Hrsg. von Hans Goedeking, Martin Heimbucher und Hans-Walter Schleicher. 1994. '런던1933-1935'

1. **평화** p.300, 1934년 8월 덴마아크 파뇌에서 한 강연에서
2. **소망** p.401f, 1934년 10월 28일 설교에서
3. **사랑** p.360f
4. **안전** p.346

Dietrich Bonhoeffer Werke 14. Illegale Theologenausbildung: Finkenwalde 1935-1937. Hrsg. von Jörgen Glenthöj, Dirk Schulz und Ilse Tödt. 1996. '불법 신학교: 핑켄발데 1935-1937'
1. **성경** p. 146
2. **용서** p. 561, 907, 908

Dietrich Bonhoeffer Werke 15. Illegale Theologenausbildung: Sammelvikariate 1937-1940. Hrsg. von Dirk Schulz. 1998. '불법 신학교: 부목사직 1937-1940'
1. **악** p. 466, 1938년 1월 23일 설교에서
2. **믿음** pp. 477-479
3. **시험** p. 373, 1938년 6월 신학생들과의 성경 공부 시간에
4. **시간** p. 524, 1939/1940년 '시편 119편에 대한 묵상'이라는 글에서

Dietrich Bonhoeffer Werke 16. Konspiration und Haft 1940-1945. Hrsg. von Jörgen Glenthöj, Ulrich Kabitz und Wolf Krötke. 1996. '공모와 구속 1940-1945'
1. **노동** p. 670f
2. **감사** p. 490f, 1940년 '그리스도인의 감사하는 삶에 관하여'라는 글에서

3. **고통** p. 194f, 759
4. **과거** p. 492, 1940년 '그리스도인의 감사하는 삶에 관하여'라는 글에서
5. **진실** p. 622f, 1943년 가을 '진실을 말한다는 것은 무엇을 의미하는가?'라는 제목의 글에서
6. **십계명** p. 659f, 1944년 6/7월 '하나님의 십계명에 대해서'라는 글에서

옮긴이 정현숙

경북대학교에서 독문학을 전공하였고, 청소년들에게 좋은 책을 소개하고자 하는 소망을 품고 번역가의 길에 들어섰다. 세 아이의 엄마로 독일 현지 교회에 몸담고 있으며, 자녀를 위해 기도하는 어머니들의 기도 네트워크를 꿈꾸고 있다. 그리스도인의 삶을 동화로 재현한 『왕의 마음』(국제제자훈련원)을 번역하였다. giljohanna@yahoo.de

정말 기독교는 비겁할까?
정말 기독교는 비겁할까?

발행일 초판 1쇄 2011년 11월 25일
초판 7쇄 2019년 1월 4일

엮은이 만프레드 베버 **옮긴이** 정현숙

펴낸이 오정현
펴낸곳 국제제자훈련원
등록번호 제2013-000170호(2013년 9월 25일)
주소 서울시 서초구 효령로68길 98 (서초동)
전화 02-3489-4300 **팩스** 02-3489-4329
이메일 dmipress@sarang.org

ISBN 978-89-5731-554-5 03230

※가격은 뒤표지에 있습니다. 잘못된 책은 구입하신 곳에서 교환해 드립니다.

> 국제제자훈련원은 건강한 교회를 꿈꾸는 목회의 동반자로서 제자 삼는 사역을 중심으로 성경적 목회 모델을 제시함으로 세계 교회를 섬기는 전문 사역 기관입니다.